푸른 시와 시인

대숲 속 바람이듯

김난석 포토 포엠

빛나는 시정신을 꼼꼼하게 엮어내는 — 마을

대숲 속 바람이듯

김난석 포토 포엠

1판 1쇄 인쇄/ 2025년 7월 10일
1판 1쇄 발행/ 2025년 7월 15일

지은이 / 김난석
펴낸이 / 우희정
펴낸곳 / 도서출판 마을

등록 ‖ 1993년 5월 15일 제3001-1993-151호
주소 03073 서울 종로구 성균관로5길 39-16
전화 ‖ (02) 765-5663, 010-4265-5663

값 14,000 원

*잘못된 책은 바꿔 드립니다.

ISBN 978-89-8387-373-6   03810

김난석 포토 포엠
대숲 속 바람이듯

마을

- 충남 홍성 출생
- 전 감사원 수석감사관(부이사관)
- 『문학시대』 '시' 등단
- 한국시인협회, 한국문인협회 회원
- 국제펜클럽 한국본부 회원
- 문학시대문인회 회장 역임

- 시집: 『강변 이야기』, 『바라다보매 다 꽃이어라』,
　　　『바람 불어서 더 좋은 날』, 『호반의 시편』, 『대숲 속 바람이듯』
- 산문집: 『꽃눈 뜨자 눈꽃 내려』

- 이메일: kimsaid@daum.net

●
시인의 말

계간 『문학시대』에 시를 투고해 오길 여러 해,
이게 그때마다 '포토 포엠'란에 게재되었다.

어떤 영상(映像)을 대하면 시상(詩想)이 떠오르고
시를 짓다 보면
또 어떤 영상이 떠오르곤 하는데
그게 짝 지어지면 '포토 포엠'이라 해봤다.

시도, 영상도 서툴지만
모두 내 모습이라 생각하며
부끄러움 무릅쓰고 세상에 내보낸다.

2025년 6월에 김 난 석 쓰다

• 시인의 말

1. 하나로부터

꽃눈 —·12

동그라미 추억 —·14

연(蓮) —·16

운길산 바람꽃 —·18

승방(僧坊)의 봄 —·20

하나로부터 —·22

파적(破寂) —·24

연(鳶) —·26

가는 세월 —·28

감 —·30

강물에 내리는 눈 —·32

2. 기다리면

36 · — 겨울 연지(蓮池)

38 · — 고드름

40 · — 왕십리 비둘기

42 · — 그 잎, 그 입

44 · — 물그림자

46 · — 담쟁이

48 · — 동강(凍江)

50 · — 그럴 테지

52 · — 기다리면

54 · — 봄날에

56 · — 다래

58 · — 달무리

3. 문 열어라

춘몽 ― · 62

통나무 ― · 64

모과 ― · 66

문 열어라 ― · 68

물소리 바람소리 ― · 70

바람 불어 좋은 날 ― · 72

자연의 경이 앞에 ― · 74

묵 쑤는 밤 ― · 76

박꽃 ― · 78

범종루 잔영(殘影) ― · 80

봄비 ― · 82

석조(石槽) ― · 84

4. 봄의 역설

88 · ― 바위
90 · ― 성
92 · ― 봄의 역설
94 · ― 세정사 바람꽃
96 · ― 인연이야
98 · ― 소망
100 · ― 손
102 · ― 싸락눈
104 · ― 애장석(愛藏石)
106 · ― 여울 돌
108 · ― 인연, 그 허망함이여
110 · ― 순천만 갯물길

5. 그대 그림자

석양(夕陽) — · 114

젓대 — · 116

하얀 억새 숲에서 — · 118

제야(除夜) — · 120

틈 — · 122

기다린다는 건 — · 124

회상 — · 126

가을의 사색 — · 128

갈대의 지조 — · 130

강상 상고대 — · 132

그대 그림자 — · 134

1.
하나로부터

꽃눈

생살 찢는 몸짓
신음하지 않는다고 슬픔이 없으랴
울부짖지 않는다고
고통이 왜 없으랴

길고 긴 고난의 시간
어찌 다 알랴
소리 없이 태어난다는 건 그런 것
침묵 속 환호성도 듣노라.

동그라미 추억

어느 비개인 날
앞집에서 하나, 뒷집에서 하나
들마당으로 뛰어들었지

소년이 짓궂게 따라붙자
어린 소녀는 동그란 금을 그어놓고
팔짝 들어앉아

"이 안에는 못 들어와!"

소년은 그러냐며 배시시 웃고는
금 밖을 맴돌 뿐이었으니

모든 것을 포함하여
어디에도 존재한다는 절대존자

그것은 한없이 커야 하므로
보다 더 큰 것은 없고
그것은 한없이 작아야 하므로
보다 더 작은 것은 없을 터

하나는 안에서 밖을 내다볼 줄 모르고
하나는 밖에서 안을 들여다볼 줄 몰랐으니
우리는 철모르는 순수였지.

연(蓮)

봉오리에 올라앉은
개비 개개비
열어라 열어라
연자(蓮子) 아가씨

폭우 뇌우 뙤약볕
칠월 열기에
열려라 열려라
연화장(蓮華藏) 세계

*개비(改備): 새것으로 바꿈
*개개비: 휘파람새의 일종, 여름에 나타남

운길산 바람꽃

묵은 갈잎 한 장
그게 이불이었구나

내가 보아주니 찬 겨울
너는 위대했고

네가 보여주기에 환한 봄
나는 위안을 받네.

승방(僧坊)의 봄

대웅전 비켜서서
동백 숲 울타리 치고 앉은
작비재(昨非齋)

댓돌 위엔
신발 두 켤레
매화나무가 들여다보네

묵은 때 떨어내며
오늘을 밝히고 있는
정적, 작비금시(昨非今是)

열려라 열려라
꽃봉오리
문도 활짝 열려라!

하나로부터

세상은 하나로부터 시작하느니
탄생도 하나로부터
소멸도 하나로부터

하늘에서 내리는 하나를 보라
내리다가 사라지는 하나를 보라
세상은 하나로부터 시작되느니
소멸도 하나로부터
탄생도 하나로부터

대지에 내리는 하나를 보네
어느 건 땅에 뿌리 내리고
어느 건 휩쓸려가고 마느니
인연이여!
하나를 품어라.

파적(破寂)

죽(竹) 치고 앉아
작난(雀蘭) 치려니
창밖에 짹짹.

연(鳶)

끊어지면 추락할 연(緣) 줄을 잡고
용쓰다 용쓰다 배도 등도 말라붙은
핏기 없는 하얀 삭신아

한 발도 떼지 못한 채
묵은 인연 끊어내려는 처연한 몸짓
탯줄은 싸늘한 쇠심줄이어서 더욱 슬프구나

목이 빠져라 얼굴 쳐들고
허공을 헤집는 한없는 갈증
갈개발 버둥거리며 애태울 뿐이지만

닿으면 쏟뜨리고 닿으면 쏟뜨리고
속은 다 뒤집어내어
차라리 대숲 속 바람이듯 서늘타

날아라 날아라, 한 번 더 날아라
그래도 널 바라보매
후련한 가슴이어서 좋아라.

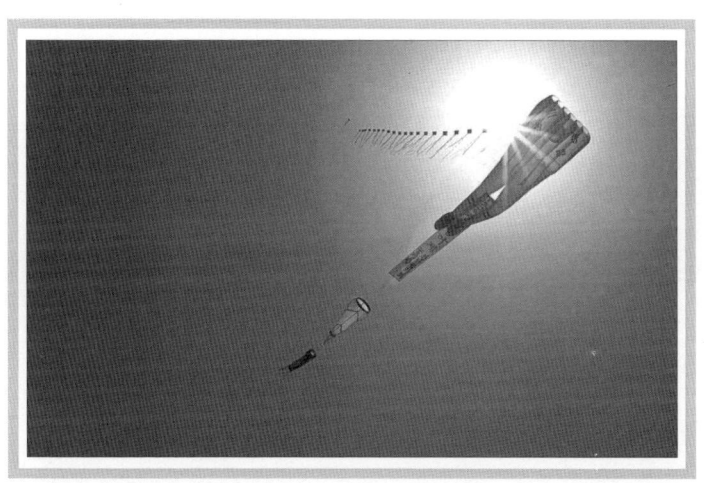

가는 세월

그대 가시는가
먼 길
아주 영영은 아니고저

기다리라면
예서 기다리련만
세월이 날 동행하자네

가시는가 그대여
언뜻언뜻 뒤돌아볼 날
그날이야 있으려니

꿈 주고
눈물도 주던
그날들이여.

감

겉치레 다 떨어내고 속치레로 남아
볼그레한 속살 환하기도 해라

그땐 노여움 가득 찬 몰골로 돌아앉아
속내 감추려 백옥 분단장이나 하는 줄 알았지

누가 똑 따내어 구정물에 처넣거나
제풀에 떨어져내려 박살나나 했더라만

그늘 속에 피워내던 꽃 뚝뚝 떨어내려
바닥에 수놓더니

이젠 달콤한 살점으로
보시할 날 기다리느냐.

강물에 내리는 눈

깃 섶에 올라앉아 거드름도 피우고
봉잠(鳳簪) 떨잠에 내려앉아 교태도 부리더만
알몸으로 얼싸안고 곤두박질치듯
차디찬 강물 위에 주저앉는 이여

한번은 소담하게 꽃도 피워보고
또 한 번은 자랑스레 휘날려 볼만도 한데
허공에서 허우적거리다 이내
강물에 실려 가는 이여

눈들 강물에 다 모여들고
강물은 다 대해로 흘러들어도
싸늘한 창가에서 기웃거리다 마는
춥고 떨리는 이도 있을게다

해 중천이어도 가리면 어둑어둑
장명등(長明燈) 하나 밝혀놓으면
제 갈 길 찾으련만
강물에 휩쓸리고 마는 눈물이여!

2. 기다리면

겨울 연지(蓮池)

화사하지 않아 화사한 이여
지난날
짐짓 드러낸 화관(花冠)이 부끄러웠던지
모두 거두어 들였구나

고의 벗어내려
눈밭에 개어놓고
종아리 찬물에 담근 채
지나는 바람에도 굽실거리는 참회

육탈된 삭신 물 위에 너부러져
이리저리 얼비치고
물 밑에 잠긴 은인(隱忍)
미소로 떠오르네.

고드름

하늘 아래 가릴 게 무언지
흘러내리는 듯 멈추고
멈추는 듯 흘러내리다가
다시 흘러내릴 듯 멈춰 서서
아래를 보네

거꾸로 매달린 목숨이여!
너는 그저 그렇게
긴장된 세월만 보내느냐

살금살금
그러다가 털썩
주저앉아 흐르는 물

性은 생긴 대로 고유하나
相은 덧없다더니
無短亦無長(무단역무장)을 설하는 구나.

*無短亦無長: 세상 이치가 짧고 긴 게 없다(금강경 글귀)

왕십리 비둘기

왕십리 역 앙상한 나뭇가지
삭신 떠는 소리만 나더니
매화 활짝 피는구나

봄은 어디서 왔을까
호남선 타고 왔을까
경부선 타고 왔을까

하늘 길 열리면 한라에서 백두까지
내가 다 나르련만
광장 한복판 함성만 떠도네.

그 잎, 그 입

더러운 걸 마셔 깨끗하게 내보내고
깨끗한 걸 마셔 더러운 걸 내보내고

잎새야 입술아
네 안에 무얼 숨기고 있기에
같은 듯 다른 숨을 쉬느냐

바람 차니
발그레 수줍어하고

낯빛 흐리니
붉으락 얼굴 붉히고

잎새야 입술아
무얼 들이마시고 무얼 내뱉어야 하느냐

무얼 말하고 무얼 감춰야 하느냐
입술아 잎새야.

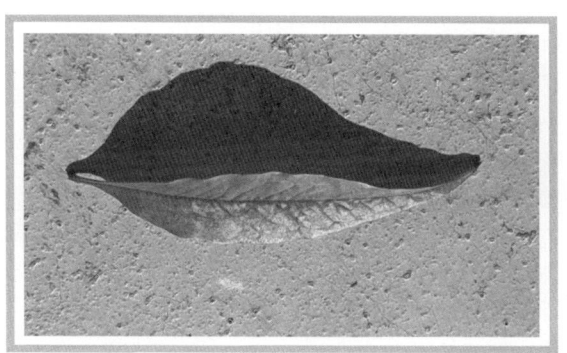

물그림자

너는 하늘에 살고
나는 물속에 사네

너는 두루두루 내려다보지만
나는 너를 따라 올려다보네

네가 흔들리면 나도 따라 흔들리는 것
네가 사라지면 나도 사라지고 마네

하늘에 매달린 목숨
굽어 살피소서.

담쟁이

나무도 아닌 것이 나무(蔓木) 문패 달고
풀도 아닌 것이 이저리 뒤척이며
낮 밤 더듬거리는 슬픈 목숨이여

절벽이 제 바닥이라는 듯
끝 간 데 없이 오르고 또 오르다가
허공에 쉬어갈 뿐이구나

뙤약볕에 물 한 모금 마시지 못한 채
땀을 짜내 잎 그늘 아래 꽃 피워내고
또 내일을 품어보기도 하느니

풀물 배인 날의 설렘도
어둠 속에 허우적대던 날의 불안도
핏빛 절은 날의 열정도 숨긴 채

힘없이 떨어져 나뒹구는 날의 체념도
말라붙은 핏줄도 타버린 두 주먹도
이제야 뻗어보는 여린 손끝이여

담 너머 한없는 저 허공도
제 육신이라 여기며
꼬옥 꼭 감싸 쥐며 세월을 그려가네.

동강(凍江)

몇 번의 추위가 왔다 간 동강(凍江)
물이야 얼음장 아래로 아래로
잘도 흐를 테지

세상 이치도 그와 마찬가지로
무언가는 쉼 없이 변해가고 있으려니

그 가운데서 좌고우면(左顧右眄)하며
눈치만 보는 이도 있을 테요
좌사우량(左思右量)하면서
지혜를 짜내는 이도 있을 테지

뎅그렁~
바람에 흔들리는 풍경(風磬) 하나
이 추운 날씨엔 자비심 말고
따뜻이 녹여줄 무엇이 있단 말인가.

그럴 테지

그럴 테지
달빛 이지러진 건 댓잎에 숨어서겠지

그럴 테지
바위 춤추는 건 솔바람에 달빛 흐르는 때문이겠지

그럴 테지
물소리 끊긴 건 골바람 지나가고 있어서겠지

그럴 테지
송죽(松竹) 검은 건 달빛 기운 때문이겠지.

기다리면

기다림은 보내고
맞이하는 것
기다리면 밤이 가고
아침이 오네

별을 품은 달빛에
어둠 이기고
기다리면 이윽고
해맑아 오네

기다리면 아픔도
멀리 떠나고
웃음이 그 자리에
기다리고 있네.

봄날에

실바람
살랑살랑

갈래꽃부리
나불나불

노랑꽃술
남실남실

하얀 나비
하늘하늘.

다래

참한 연둣빛으로
더러는 까슬까슬함으로
목화밭에 달랑거리던 다래는
덤벙대던 나의 별난 먹거리였지

그것 하나 딸라치면
손가락으로 한번 꾸욱 찔러보았는데
어머니 젖꼭지도 그렇게 눌러보았으니
이제야 주름진 얼굴이 붉어지는구나

개열(開裂)하여
탐스런 목화 실 솔솔 풀어낼 날을 기다리며
삼실방에 꼭꼭 숨어있는 어린 목숨을
입속에 넣고 잘강거리던 천연스러움이여

여리고 달진 긴 꿈을
그렇게 뚝 따내어 생으로 먹어버렸으니
들판을 내닫던 철없는 것은
그래서 매양 어설픈 꿈이나 꾸며 설사를 해대지.

달무리

아 -
이건 내 안의 것
다 드러내보는 몸짓

아 아 -
밥줄에서 창자까지
나는 모두 이것들뿐이건만

야청 하늘
품는 듯 스며들고 마는
아, 미타(彌陀)여!

3.
문 열어라

춘몽

물은 아래로 흐르고
봄은 위로 오르네

오르고 내릴 것 없이
저 산 매로 있어도 좋으련만

세상사 가만 두어도
잦혀지고 뒤집어지네.

통나무

통나무 한 토막 뒹굴어왔지
영락없는 통나무였어
생김생김이 그랬지

아유타국 공주 맞는 설렘으로
분황사탑 다듬던 대목(大木)의 마음으로
고이고이 맞아들였으니

여인상을 만들려 들었는데
사르르 여닫는 입술 빚어 이브라 할 참이었는데
보르르 떠는 가슴 올려 마돈나라 할 참이었는데

허나, 통나무는 나를 잡아 뒤흔들고 말았으니
허튼 손찌검을 거부하는가
통나무이기를 고집하려는가

흩어진 끌밥 모아 가슴 덮고
밀어 내린 대패 밥 입술에 얹어보니
통나무는 영락없는 통나무가 되는 구나

아름다운 인연은 따로 있는 법
신기(神技) 들린 목수 다시 끌 끝 세우는 날
통나무는 그제야 변신도 꿈꾸리라.

모과

과일 망신 누가 시킨다고?
아니다 모과야
자리를 옮겨야겠다

한 입에 사라져버리고 마는
그런 건 말고
머리맡에서 오래오래
사랑 받아야지

아는 사람은 알기로
귀한 몸
왜 거기 있느냐

시금털털한 객기
가을볕에 다 날려버려라
그러면 네게 잘 어울리는
그런 곳이 따로 있단다.

문 열어라

봄이 오면 봄 맞고
여름 오면 여름 맞고
문 열어라 가을이다

바람 불면 바람 맞고
서리 내리면 서리 맞고
문 열어라 세월아

아직도 안식처에 들지 못한 목숨
운명아, 문 열어라
낙엽이 서러워.

물소리 바람소리

낮은 데로 찾아든다고 탓하지 마라
목마른 이 거기 있느니
가다가 머뭇거린다고 탓하지도 마라
속속 스며들어 갈증 풀어주고자 함이니

그러다가 슬그머니 사라진다고 탓하지 마라
높이 올라 아래를 내려다보고 싶음이니
그렇다고 거만 떤다고도 탓하지 마라
내리면서 도닥도닥 어르고자 함이니

내 갈 길 그것이거늘
내 살점 빌려 나토고 있는 목숨들이여
의지 없다고 푸념도 마라
쉼 없이 갈 뿐이니

바람 소리는 물소리
바람 바람 바람.

바람 불어 좋은 날

난야
타는 불꽃도 아닌
타다 남은 재도 아닌

그렇다고 사라지는 연기도 아닌
너와 내가 그리워하는 건
바람이어야 해

그러면 난야
들판을 걸으며 마음을 날려보는 것도 좋을 테고
꽃잎에 맺힌 이슬과 빗방울들이 말하는 소리와
흔들리는 색의 춤도 안아보면 좋을 테지

人法 地요 地法 天이요 天法 道요
道法은 자연이라니
난야
사랑하는 너의 가슴을 위해 할 수 있는 건
결국 아무것도 없다네

그래도 사랑이려니
바람 불어 좋은 날
우리 사랑도 바람 같은 것이어라.

자연의 경이 앞에

파아란 하늘 아래
빈 가지에 피워낸 하얀 눈꽃을 보라
그저 희열에 빠져들 수밖에
그리곤 무엇이라 하랴

파아란 하늘 아래
빈 가지에 피워 올린 하얀 생명성을 보라
그저 숙연해질 수밖에
그리고는 무엇이라 말하랴

그래도 가슴에 넘쳐흐르는 소망이야
서툰 말에라도 담아내야 하느니

신이여!
여린 내 인연의 심신을 평안케 하옵고
내 품안에 고이 사랑으로 머물다가
고운 사랑을 찾아 훨훨 날게 하소서.

묵 쑤는 밤

동지섣달 긴긴 밤
애태울 게 없지
시름 설움 슬픔 다 모아
들들들 갈자

냉수 한 사발 마시고 나면
가만가만 가라앉으려니
일그러진 가슴에 퍼 담아도
고분고분하려니

도토리든 상수리든
한숨까지 섞어가며
어머님이 맷돌 앞에서
그리 하시지 않았더냐.

박꽃

섶을 타고 오르는 앙증
훈기만 스쳐도 흐너질 듯
여린 자태여

밤이슬에 젖은 입술
하얗게 바래
더욱 애닯고야

엉겁결에 달빛 머금은 불륜(不倫)
배는
달만큼 불렀네.

범종루 잔영(殘影)

혼자 넘어 가라고
뒤에 숨지만

넘어가면 저도
사라지는 걸

종소리에 실려
시방(十方)에 퍼지네.

봄비

사붓사붓
동아줄 타고 내려오네

하얀 얼굴 꽃네야
볼그레한 아가씨야
나는 떨어지는 꽃잎들 데리고
강물로 가련다

파아란 리본 내단 푸름아
봄바람에 한껏 흔들려 보아라.

석조(石槽)

나뭇잎 하나씩 떨어내는 이 가을
스쳐간 인연들 하나씩 불러내어본다
그이, 또 저이
그리다 만 그림, 그리다 구겨버린 그림

가버린 밤 핑크빛 커튼 어른거리면
그에 눈감고
욕망과 희열, 원망과 증오
그선 또 지우고

둥둥 떠가는 구름
그 위에 마음을 얹어보고
하늘 마주보고 두런거리는 호수
마음을 그 위에 띄워보네.

4.
봄의 역설

바위

내 울 안에 네가 있다
언제부터인지
어머니 손 놓을 때부터였던가

외로우면 다가가고
힘들면 기대고
그래도 앉을 수는 없다

가랑잎 날아들면
쉬었나 가게하고
비바람도 스치게 하고

내 마음의 울 안에 네가 있다
흔들리지 말라 한다
그냥 흘려버리라 한다

바위 같은 삶
그래도 네 주변엔
꽃들 가득하다.

성

성(城)이라 쓰고 성이라 읽는다
성(性)이라 쓰고 성이라고도 읽는다
성(聖)이라 쓰고 성이라 읽기도 하느니

불 밝혀라
그게 무슨 성이든 상관없다
성을 고수(固守) 해야 하느니.

봄의 역설

입춘 우수 경칩 춘분
봄이라 하는 사이
남녘 홍매화
바람 따라 올라갔다네

떠날 이는 떠나더라도
절벽에 매달려
눈물짓는 이도 있느니
봄의 역설이련가

꽃은 피었다 져도
눈물은 땅에 스며들어
새 생명으로 나투려니
역설은 또다시 역설이 되리라.

세정사 바람꽃

면벽 정진 백일에
장삼은 흘러 내리고
허리는 구부정
휘었을망정
바람결에도 끄덕 끄덕
노승(老僧)을 닮았느냐.

*세정사: 경기도 운길산 사찰

인연이야

방울 방울 물방울
또르르
툭

하늘이 열리네
세상이 흐르네
생명이 흩어지네

아아, 화개(花開)!
기다리지 않아도 꽃 피고

오오, 화락(花落)!
보내지 않아도 꽃 지네

인연이야
비장(秘藏)한 인연.

소망

먼데서 하늘이 내려와
바다에 합장하던 날

하늘이 하늘이 아니야
혼이야

바다가 바다가 아니야
육신이야

두 몸 하나로 입 맞추던 날
해노 쏘옥
달도 쏘옥

해가 해가 아니야
달콤한 사랑이야

달이 달이 아니야
새콤한 사랑이야

아!
둘은

불타고
바람 불고
먹구름 일고
파도가 성내도
모두 삼켜내더니

하늘과 바다가 열리던 날
해도 쏘옥
달도 쏘옥

해가 해가 아니야
환희야

달이 달이 아니야
소망이야

해가 가도 달이 가도
인연이 그렇다면
인연이 그렇기만 하다면.

손

어린 손을 잡던 날
신발 벗어들고 산으로 내달았지
고개 넘어 계곡으로
숲을 지나 호수로

새끼손가락 걸던 날
노래도 불렀지
들판에 앉아 꽃 이름 부르고
언덕 위에 누워 새 이름 부르고

추억의 손을 잡으면
고향에도 갔다네
순이 만나 감꽃 주워 먹고
점순이 만나 새알 꺼내주고

이젠 여인의 손을 잡으면
하늘을 바라보네
가물가물 아지랑이
아슴아슴한 기억들.

싸락눈

아이야
눈 그러모아 사람을 만들려느냐
아니다
이렇게 쌀쌀한 날엔
애만 쓴단다

하늘의 온기를 기다리든지
네 입김이라도 불어넣어보렴
그러면 주먹만 한 깃이야
못 뭉치겠느냐
시작은 늘 그렇게 하는 거란다.

애장석(愛藏石)

해 솟아 돛에 올라서니
오가 되네
오, 하느님이시여!

왼쪽으로 누이니
어가 되네
어, 어머니시여!

해 이울어 오른쪽으로 누이니
아가 되네
아, 아버지시여!

아래로 누이니
우가 되네
우, 우리들 세상이어라

마르고 닳도록 부를 노래는 이것
오 어 아 우
변치 않을 돌이여!

여울 돌

물 밑에 내려앉아
하늘이나 바라본다더니

자갈자갈 뒤척이는 소리
물소리에 실리고

뒤트는 삭신
물 위에 해뜩이네.

부내끼너 부대끼며
봄가을 다 지내면

얼음장 아래 동안거(冬安居)를 지나
해빙도 되려니

그땐 졸졸졸
다시 물소리를 듣겠지.

*冬安居: 겨울동안 승려들이 일정한 장소에 머물며 수도하는 일

인연, 그 허망함이여

나뭇가지에 눈서리로 올라붙어
제 숨소리에 흔들리기도 하고
(雪上加霜)

갈댓잎 흔들리는 눈밭에 내려앉아
발자국만 남기기도 하느니
(雪泥鴻爪)

때론 인연 아닌 인연도 있는지라
눈감아버리자
그러나 영영은 아니게

세월이 흐르고 나면
두 인연 모두 사라지고 마느니
그땐 옛 노래나 부르자.

순천만 갯물길

휘우듬 뉘어진 갈대숲 사이
서리서리 에도는 물길 위에
묵은 인연 떨어내는 순연(純然)한 행렬

허공에 선회하던 흑두루미 떼
어느새 상장(喪章)한 채 내려오더니
가만가만 앉았다 떠나가네

물길 흘러 흘러 바다로 들고
들다 들다 바닥에 내려놓느니
내리는 이 아쉬움이야 왜 없으랴

내리다가 부글부글 속도 끓이지만
허망한 건 다 떨어내고야
와온 가까이 웃어보겠지

물 빠진 개펄 갯내 흐르니
짱뚱어 뒤에 달랑게 달랑
배밀이 두리번대는 어머니 품이여.

*와온: 순천만 앞바다

5.
그대 그림자

석양(夕陽)

타라
몸도 마음도
훨훨
사랑이 깃들만한 것 모두
삭정이만 남을 때까지

타라
애 타는 가슴
훨훨
가슴앓이 할 것 없이
하얀 재 될 때까지

타라
애달픈 갈구(渴求)
훨훨
용틀임할 것 없이
허공에 흩어질 때까지.

젓대

생명의 시원(始原)이라는 빅뱅(Big Bang)
백수십억 년 전 빛이요 파장이요 소리니
내 비록 근원이 보잘것없다 하나
소리야 못 내랴

왕산악 우륵 신기(神技) 이어 받아
붙들어 매고 줄 당겨
안고 뜯고 튕기고 문질러 조화 부리더라만

굴러 온 대(竹)일망정
막히고 더뎅이 진 구멍 후비고 파내
물고 불고 쓰다듬어 내 노랠 부르네

만파식적(萬波息笛) 오간 데 없을망정
천년사직 빌던 율(律)이여 여(呂)여 소리여!
훈훈한 입김만은 끊지 않으리라.

하얀 억새 숲에서

바라보면 지난날은
가시덤불로 밀려버릴 뿐이니
이게 무슨 연고란 말이냐

한나절 다 가도록 말문도 열지 못하고
이렇듯 막막한 건
또 무엇 때문이더란 말이냐

연신 떨어 내리는 고행(苦行)이여!
봄도 마음도 모두
빈 대공뿐이려니

쥐뿔도 잘난 것 하나 없이
할퀴고 상처 내며
오만하게 거드럭거리던 지난날들

이젠 몸에 지닌 온갖 쇠붙이들
저 들판에 내던져버리고
마침내는 백기(白旗)를 들어야겠다.

제야(除夜)

하늘은 어디에 숨었는지
강변 따라 가로등만 명멸(明滅)하는데

저기 저 창문 불빛 뒤
작은 숨소리 흘러나오네

미망(迷妄)이더면 어서 흘러가다오
세월이여
강물이여

저기 저 창문 불빛 사이
작은 인기척 새어 나오네

사랑이더면 머물러다오
강물이여
세월이여

저기 저 창문 불빛 아래
작은 그림자 벗어 내리네

허물이더면 어서 벗어내다오
엎드린 여명(黎明)이여
미명(未明)을 흔드는 소리여.

틈

지나던 발길 멈추고
육중한 대문 틈새로 안을 들여다보네
사람아, 서둘러 어디로 가더냐
어제가 밀어 내더냐, 내일이 손짓하더냐

재깍! 재깍!
시간을 아는 이도 있을 테지만
그걸 궁구할 것도 없이
나는 오늘을 살아간다

지난날을 돌아보고자 하나
추억을 떠올릴 뿐이요
앞날을 내다보고자 하나
상상만 할 뿐이니
당장 들여다보고 직관할 수 있는 건
과거와 미래 사이 틈일 뿐이라

좌우로 두리번거릴 것 없이
그렇다고 도리 할 것도 없이
아래로 아래로 관심하노라면
깊고 깊은 마음의 심연에는 닿겠지.

기다린다는 건

뱃고동소리는 떠나가는 信號요
갈매기의 선회는 滿船을 반기는 歡呼다

떠나가면 무수한 기다림이 있고
기다리지 않고 돌아오는 건 빈배(虛舟)일 뿐이다

기다린다는 건 뒤를 돌아보지 않는 것
기다린다는 건 저 멀리 바라보는 거다

페넬로페는 수의(壽衣)를 짰다 풀었다 이십년을 견뎠다
그건 남편 오디세우스를 기다리는 인고였다

석가는 보리수나무 아래 여섯 해를 견뎌 般若를 얻었으니
기다린다는 건 내일을 예비하는 것
긴 고통을 수반하는 설렘이다.

회상

들길 산길 거슬러
그 옛날로 돌아가면 안 될까?

간밤에 배인 눈물자국
아침 햇살로 지워내며
수줍게 고개 드는 두견화 꽃길 따라
물레방아 휘돌던 억새 울도 지나고
서낭당 고개 너머 상여집도 지나
그 먼 옛날로 돌아가면 안 될까?

삼신(三神) 메 떠놓고
정안수 올리던 곳 가다가다가
속곳 걸칠 것도 없이
흙바닥에 질펀히 앉아
입술만 달막이던 그 먼 옛날로

아, 순이는 풀잎이 되거라
알 수 없는 태상노군(太上老君) 주문을 외듯
밤바람에 속살대는 풀잎이 되면
이슥토록 별을 담아 안겨주고 싶구나.

가을의 사색

벗어내자
사념도 몽상도 모두

머지않아 나뭇잎들 다
떨어져 내리려니
남김없이

새로 태어나자
육신도 마음도 함께

머지않아 눈 내리다가
새싹도 움트려니
그때는 다시.

갈대의 지조

갈 테면 가라지
봄 가을 다 가면
봄이 또 오는 걸

올 테면 오라지
뇌우 질풍 한설
봄바람도 있는 걸

무심한 세월
보신 풍파
육신은 흔들려도

어제도 이 자리
내일도 이 자리

몇 해냐고 묻지 마라
나이도 새기지 않는다

옷이나 갈아입으며
웃기도 울기도.

강상 상고대

땅에 뿌리 내린 일 없으니
태어난 곳 어디라 할 순 없네
목을 길게 빼고 거드름 피우거나
해바라기 한 번 해본 일도 없네

그렇다고 몰래 입맞춤 하거나
인연하나 엮어놓지 않았지

떠노는 서러움 휘감아 인으며
상기된 우듬지에도 멍든 삭정이에도
싸늘한 듯 온기로 보듬고
포근한 듯 냉기로 어르느니

바람 차고 사나워도
눈물 대신 꽃잎으로 산화(散華)하고 말리라.

그대 그림자

나 그대 옆에 있으려네
누울 때나 뒤척일 때
개운한 기지개를 켤 때도

아침 맞느라 어수선할 땐
삽살개 꼬리치며 맴돌 듯
옆에 서성이려네

집을 나설 땐 따라 나서려네
부녕한 머플러 함께 길지고
나란히 걸으려네

때론 먼 산 바라볼 때
그대 눈빛 따라
나도 그리워하려네

아, 격하여 온몸 방바닥에 쏟아 부을 땐
그대 그림자 되어
조용히 드러누우려네

모두 잠들어 숨죽인 밤
어둠 사이로 그대
평안한 숨소릴 들으려네.